Mis dos mamás

Julie Murray

Abdo Kids Junior es una
subdivisión de Abdo Kids
abdobooks.com

Abdo
ÉSTA ES MI FAMILIA
Kids

abdobooks.com

Published by Abdo Kids, a division of ABDO, P.O. Box 398166, Minneapolis, Minnesota 55439.
Copyright © 2022 by Abdo Consulting Group, Inc. International copyrights reserved in all countries.
No part of this book may be reproduced in any form without written permission from the publisher.
Abdo Kids Junior™ is a trademark and logo of Abdo Kids.

Printed in the United States of America, North Mankato, Minnesota.

102021

012022

THIS BOOK CONTAINS RECYCLED MATERIALS

Spanish Translator: Maria Puchol

Photo Credits: iStock, Shutterstock

Production Contributors: Teddy Borth, Jennie Forsberg, Grace Hansen

Design Contributors: Candice Keimig, Pakou Moua, Dorothy Toth

Library of Congress Control Number: 2021939713

Publisher's Cataloging-in-Publication Data

Names: Murray, Julie, author.

Title: Mis dos mamás/ by Julie Murray

Other title: My two moms. Spanish

Description: Minneapolis, Minnesota: Abdo Kids, 2022. | Series: Esta es mi familia | Includes online
    resources and index

Identifiers: ISBN 9781098260620 (lib.bdg.) | ISBN 9781644947494 (pbk.) | ISBN 9781098261184 (ebook)

Subjects: LCSH: Families--Juvenile literature. | Same-sex parents--Juvenile literature. | Children of same-
    sex parents--Juvenile literature. | Parent and child--Juvenile literature. | Families--Social aspects--
    Juvenile literature. | Spanish language materials--Juvenile literature.

Classification: DDC 306.85--dc23

Contenido

Mis dos mamás

Cassie tiene dos mamás. A ellas les gusta ir al parque.

Emily cena algo rico
con sus mamás.

William camina con sus mamás. Ellos encuentran un 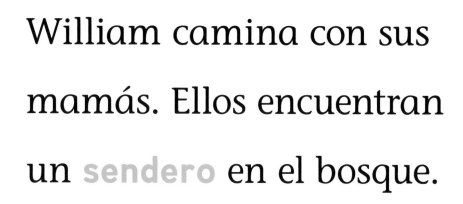sendero en el bosque.

Nora ve una película con sus mamás. ¡Les gustan las comedias!

Caroline aprende a patinar.

Su mamá le ayuda.

Hank y sus mamás van afuera.

Vuelan un papalote.

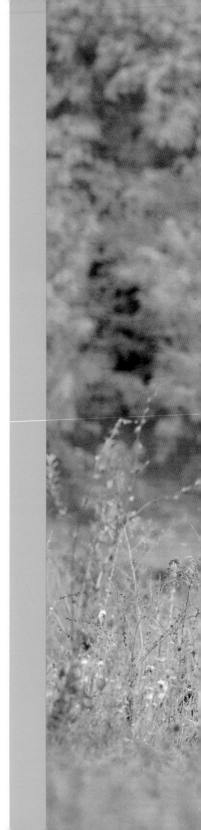

Adam va a la playa con sus mamás. ¡Están pasando un día estupendo!

A una de las mamás de Mabel le gusta cocinar. Ellas hacen galletas.

Glen abraza a sus dos mamás.

¡Son una familia feliz!

21

Más familias con dos mamás

Glosario

comedia
película, obra de teatro, historia o show de televisión que es gracioso y que alegra.

sendero
camino hecho por el uso de las pisadas de la gente.

Índice

Abdo Kids ONLINE

FREE! ONLINE MULTIMEDIA RESOURCES

¡Visita nuestra página **abdokids.com** y usa este código para tener acceso a juegos, manualidades, videos y mucho más!

Los recursos de internet están en inglés.

Usa este código Abdo Kids

TMK2262

¡o escanea este código QR!